Das alte und das neue Reich.

Festrede

gehalten am 18. Januar 1886

in der

Königlichen Deutschen Gesellschaft zu Königsberg i. Pr.

von

Philipp Zorn,
o. ö. Professor der Rechte.

Berlin und **Leipzig.**
Verlag von J. Guttentag
(D. Collin).
1886.

Buchdruckerei von Gustav Schade (Otto Francke) in Berlin N.

Am zweiten Tage dieses Monats und Jahres war ein Vierteljahrhundert verflossen, seit unser Kaiser den preußischen Königstron bestiegen hatte.

Nicht mit rauschendem Jubel und Gepränge hat man in deutschen Landen jenen welthistorischen Tag gefeiert, sondern dem bestimmten Willen des Kaisers gemäß, mehr in ernster Stille: wie im Einzelleben diejenige Festfreude die höchste und heiligste ist, die sich scheut vor dem rauschenden Treiben der Welt, so auch im Herzen einer Nation.

Aber aus der Tiefe von Millionen und Millionen Seelen ist an jenem Tage das Opfer des Dankes emporgestiegen zur allwaltenden Vorsehung und das heiße Gebet um das geheiligte Leben unseres Kaisers. —

Welche Fülle größter welthistorischer Ereignisse ist umschlossen in dem, menschlich betrachtet, so kurzen Zeitraume jener 25 Jahre! Wie völlig anders sind alle unsere inneren und äußeren Verhältnisse in dieser kleinen Spanne Zeit geworden, so daß wir, wenn wir auf einen Tag nur uns wieder in das Jahr 1861 zurückzuversetzen vermöchten, es für unmöglich halten müßten, daß ein ganzes großes Volk in wenig Jahren eine so völlige Umgestaltung aller seiner Verhältnisse erfahren kann! — —

Nicht in jungen Jahren hat unser Kaiser den Tron seiner Väter bestiegen; an der Schwelle des Alters fast rief ihn die Vorsehung zur höchsten Stufe irdischer Macht: zu einer Zeit, da nach dem gewöhnlichen Maße menschlicher Gaben gemessen, die Schaffenskraft zur Neige zu gehen pflegt. Und wie ernst und schwer die Zeit gewesen, in welcher der Tronwechsel sich vollzog, das haben wir Anderen erst in staunender, fast bestürzter Bewunderung aus den späteren Ereignissen erkannt. Nicht unmittelbare Gefahren zwar bedrohten den Tron; äußerlich still schienen die Zeit und die Völker. Aber in der Tiefe gährte es; schon zuckten am Horizonte des Völkerlebens die Blitze, welche die Wetter voraus verkündeten, aus deren Stürmen das deutsche Reich geboren werden und eine Umgestaltung der staatlichen Verhältnisse fast ganz Europas hervorgehen sollte. Ja die Probleme, an deren Lösung alsbald unter der neuen Regierung herangetreten wurde, waren so ungeheuer groß und dem Anscheine nach so unüberwindlich schwer, daß die Krisen, zu welchen der Versuch ihrer Lösung führen mußte, selbst den festen Tron der Hohenzollern zu erschüttern wol im Stande schienen.

Die Epochen der Weltgeschichte lassen sich in zwei große Gruppen teilen: zum einen Teile vollziehen sie sich mit dem Volke und durch das Volk, zum anderen Teile im Kampf mit dem Volke. Auch in der preußisch-deutschen Geschichte fehlt es nicht an großen Ereignissen der ersten Gruppe. Immerhin wird die universalhistorische Betrachtung zu dem Resultate gelangen müssen, daß die großen Epochen der preußischen Geschichte vorwiegend das Werk der Fürsten und ihrer Staatsmänner und Feldherrn waren.

Von den drei großen Reformepochen Preußens im 19. Jahrhundert gehört die erste, der innere Wiederaufbau des zusammengestürzten Staatswesens nach der Katastrophe von 1806, ausschließlich der Regierung an, speciell dem großen Staatsmanne Stein; die zweite, die zum Übergang Preußens in die constitutionellen Bahnen führte, beruhte wesentlich auf der Volksinitiative; die dritte, deren Ergebnis die Wiederaufrichtung des Deutschen Reiches war, hat ihren Schwerpunkt wie die erste in der Regierung, im Königtum. Dennoch besteht ein erheblicher Unterschied zwischen der ersten und dritten dieser Epochen insofern, als bei der ersten das Volk zwar nicht beteiligt war, aber andrerseits auch nicht in schroffem Gegensatze zu den Maßregeln der Regierung stand, denn die Opposition des Adels gegen die Aufhebung der Erbuntertänigkeit war mit den Mitteln des absoluten Staates unschwer zu überwinden.

Jene andere Reformepoche aber, welche mit dem Regierungsantritt unseres Kaisers begann, führte alsbald zu dem schweren Conflicte mit der Volksvertretung, welcher unser Staatswesen Jahre lang in stürmische Bewegung versetzte und noch heute in unserem öffentlichen Leben nachzittert. Nicht unter jubelndem Zuruf eines begeisterten Volkes, sondern im schärfsten Gegensatze zum größeren Teile seiner Untertanen mußte König Wilhelm die Grundlagen legen, auf welchen der Bau des Deutschen Reiches sich erheben sollte. Die gewissenhafte Überzeugung der Regierung von der absoluten Notwendigkeit der Durchführung ihrer Reformpläne einerseits, die unzweifelhaft ebenso gewissenhafte Überzeugung der Mehrheit der Volksvertretung andrerseits, daß diese Pläne dem Staate Verderben bringen müßten, führten zur Suspension der gesammten rechtlichen Grundlage unseres Staatslebens, zu jenem erbitterten inneren Kampfe, den nur die Weltgeschichte auf dem Schlachtfeld von Sadowa lösen konnte. Dem Sieger von Sadowa konnte es nicht mehr schwer fallen, die „Indemnität" der Volksvertretung für die mehrjährige budgetlose und darum der formal juristischen Basis ermangelnde Regierung zu erbitten.

Es ist nicht gut und nicht klug, in den schmerzhaften Wunden jener Conflictszeit zu wühlen. Aber Eines hat jene Zeit doch unwiderleglich bewiesen: nämlich die Schranken des constitutionellen Regierungssystemes, wenigstens für unsere deutsch-preußischen Verhältnisse. Es kann große Momente von folgenschwerster Bedeutung im Leben der Staaten geben, in welchen das constitutionelle Princip völlig versagt. Ein solcher Moment war damals eingetreten: das ist die dauernde Lehre aus der Conflictszeit, die wir nicht vergessen dürfen. Alles Andere dürfen und sollen wir vergessen und kein Vorwurf soll darum mehr erhoben werden. Das staatsrechtliche Problem aber, welches die Conflictszeit gestellt hat, ist auch heute noch seiner Lösung um keinen Schritt näher gebracht: darum ist es nicht wolgethan, sich oder Andere in einen trügerischen Glauben einzuwiegen, an die Unfehlbarkeit desjenigen Regierungssystemes, das man als das constitutionelle oder in seiner consequenten Ausgestaltung als das parlamentarische zu bezeichnen pflegt. —

Im Zeichen jenes erregten Conflictes waren unseres Kaisers erste Regierungsjahre gestanden. Die große Krise des preußischen Staates siegreich überwunden zu haben, ist allein das Verdienst des Königs und seines großen Ministers.

Wenden wir von jener Zeit des Conflictes unseren Blick auf das Heute. Aus dem preußischen Könige des Jahres 1861, der, umgeben von äußerem Mißtrauen und inneren Gefahren, ein immer starkes doch mühsames Regiment führte, ist der deutsche Kaiser hervorgegangen, der Führer und Feldherr des geeinten Deutschlands, der erste Herrscher der Welt. Das Zünglein an der Wage der Völkergeschicke und zugleich Hort und Bollwerk des Friedens ist seit 15 Jahren das Deutsche Reich und sein Kaiser geworden. Auf den fernsten Meeren weht die deutsche Kriegsflagge und in die unerschlossenen Tiefen des schwarzen Erdteiles ist deutscher Forschergeist und deutsche Kraft vorgedrungen. Eine Weltstellung ohne gleichen nimmt heute das Deutsche Reich ein. Das dürfen wir ohne Chauvinismus und ohne Überhebung aussprechen. Ein wunderbares Walten der Vorsehung hat die Regierung unseres Kaisers mit Erfolgen gesegnet, wie sie die deutsche Geschichte sonst überhaupt nicht kennt. Ein Heer, Eine Münze, Ein Maß, Ein Gewicht, Ein Recht — Alles was noch vor drei, ja selbst noch vor zwei Jahrzehnten unerreichbar fern, unmöglich schien, was unsere Vorfahren so heiß ersehnt: uns ist es geworden; alles Sehnen einer tausendjährigen Leidenszeit hat in diesen 25 Jahren seine herrliche Erfüllung gefunden.

Aber größer noch als die glorreichen Triumphe auf dem Schlachtfelde, größer noch als selbst die Aufrichtung des deutschen Staates ist das große Werk, das unser Kaiser am späten Abend seines Lebens in Angriff genommen: die Ausgleichung der wirtschaftlichen Not. Mit Stolz haben sich die Preußenkönige selbst als Könige der Armen bezeichnet und im edelsten Sinne, wie keiner seiner Vorgänger, hat unser Kaiser dies Wort zur Wahrheit gemacht.

Wie oft, zum Überdruß oft haben Gelehrte und Ungelehrte die sogenannte sociale Frage als unlösbar bezeichnet. Und gewiß liegt darin viel Wahres. Mit Leidenschaft forderte demgemäß die eine Meinung einen Verzicht des Staates auf jedes Eingreifen in wirtschaftliche Dinge, da solches Eingreifen doch nur schaden und verderben könne, während mit noch viel leidenschaftlicherem Fanatismus die andere Meinung den Umsturz aller unserer staatlichen und sittlichen Fundamente predigte, damit auf ganz neuer Grundlage der sociale Staat der Zukunft, das irdische Paradies, aufgerichtet werden könne. Es bedurfte wahrlich eines hohen Mutes, Angesichts dieser bis vor kurzem fast die gesammte Nation beherrschenden extremen Theorieen das große Werk zu unternehmen, auf der Basis unserer heutigen staatlichen Verhältnisse eine Heilung der socialen Schäden mit den Mitteln der Gesetzgebung durchzuführen. Wir stehen heute mitten inne in der gewaltigen Arbeit an der Lösung dieses größten und schwierigsten aller Probleme. Jahrzehnte werden noch vergehen, bevor die Gesetzgebung zu einem gewissen Abschluß hierin gelangt sein wird. Aber mögen die bisherigen Maßnahmen im Einzelnen verbesserungs- und ergänzungsbedürftig sein; mag es noch viel Zeit und Kraft erfordern, um das Ziel zu erreichen; ja mag selbst zugegeben werden, daß dies Ziel auf Erden immer nur in relativer Weise wird gewonnen werden können: Eines ist doch jetzt schon nach diesen wenigen Jahren angestrengtester Arbeit auf socialem Gebiete erreicht — es ist der Beweis geführt, daß der Staat auch auf seiner heutigen Basis Vieles und Großes thun kann zur Linderung der wirtschaftlichen Not; daß der Staat die Aufgabe erfüllen kann, ein Schutz und Schirm, ja eine Rettung der wirtschaftlich Schwachen zu sein. Von welcher Bedeutung aber die jetzt bereits in Kraft getretenen socialen Reformgesetze für unser gesammtes Volksleben in der Zukunft sein werden, davon vermag die lebende Generation noch sich kaum eine annähernd zutreffende Vorstellung zu bilden: erst nach Jahrzehnten wird der ganze Umfang des Segens sich entfalten, den diese aus der eigensten Initiative unseres Kaisers hervorgegangene Gesetzgebung haben muß.

Es ist ein Gedanke von nicht auszudenkender Größe: daß die Wittwe und die Waisen des Mannes, der auf dem Kampfesfelde der Arbeit gefallen, einen vom Staat geschützten Rechtsanspruch auf gesicherte Lebensexistenz haben müssen, während sie bis jetzt schutzlos den Gefahren des materiellen und sittlichen Elends preisgegeben waren. Und dieser Gedanke ist jetzt schon Dank der Initiative unseres Kaisers geltendes deutsches Recht.

So sind die 25 Jahre dieser Regierung im Donner der Schlachten wie in der stillen Arbeit des Friedens die Zeit einer völligen Umgestaltung des deutschen Volks- und Staatslebens geworden. Niemals in allen Zeiten besaß Deutschland eine so große und erhabene Stellung im Rate der Völker; niemals, ich muß es wiederholen, hat der kurze Zeitraum eines Vierteljahrhunderts so Gewaltiges an inneren und äußeren Ereignissen der Weltgeschichte für Deutschland umschlossen.

Und dennoch im Inneren unseres Volkes so viel Zwist und Parteifanatismus! Doch der Stachel verbitterter Tagespolitik soll nicht in die reine Festfreude der heutigen Feier gezogen werden. Unsere Aufgabe ist es nur, im Lichte universalhistorischer Betrachtung den ungeheuer großen Inhalt der Regierungszeit unseres Kaisers zu erkennen und zu betonen. Aber das lebende Geschlecht scheint vielfach in Eigendünkel und Selbstüberhebung das Verständniß für große Männer und große Thaten der Weltgeschichte verloren und die Fähigkeit eingebüßt zu haben, das kleine Ich bescheiden vor der Autorität der Weltgeschichte und ihrer Träger zu beugen.

Seit noch nicht zwei Jahrzehnten besteht der deutsche Gesammtstaat und im Leben der Staaten ist dieser Zeitraum sehr klein. Er reicht kaum hin, um die notdürftigste erste Einrichtung des Hauses herzustellen und die so vielfach sich äußernde Ungeduld, daß so viele Aufgaben noch nicht vollendet oder vielleicht noch gar nicht in Angriff genommen seien, ist ein merkwürdiges Zeichen des unsere Zeit und die lebende Generation charakterisirenden Mangels an universalhistorischer Betrachtung. Im Lichte der Weltgeschichte muß wahrlich jeder Einsichtige demütig und stolz zugleich bekennen: unbeschreiblich Vieles und unbeschreiblich Großes ist in diesem kurzen Zeitraum vollendet worden. Es ist die größte Zeit deutscher Geschichte, in der zu leben wir das Glück haben. — —

Der Aufbau des neuen deutschen Gesammtstaates vollzog sich ohne jegliche Anlehnung an frühere oder anderwärts vorhandene staatliche Vorbilder. Es war als wollte die praktische Staatskunst der Theorie spotten, so völlig ohne Analogieen war ein Teil der neuen staatlichen Einrichtungen. Die Theorie des Staatsrechtes und der Staatswissenschaften hat es früher wol als ihre Hauptaufgabe betrachtet, den besten Staat in Gedanken auszuhecken und möglichst wol formulirte Ratschläge für die Verwirklichung dieser Gedanken vom besten Staate in Deutschland zu erteilen. Die Theorie hat damit wenig Erfolg erzielt; die guten Ratschläge über den besten deutschen Staat waren für die Praxis ziemlich unverwertbar und der deutsche Staat der Wirklichkeit, wie ihn dann das preußische Schwert und die preußische Staatskunst schufen, entsprach nicht dem Ideale der Theorie. Aber heute hat man es doch endlich erkannt: die staatsrechtliche Theorie hat nicht die Aufgabe, über einen Idealstaat zu phantasiren und zu philosophiren, sondern: den historisch gewordenen Staat zu verstehen.

Immerhin aber mag sich wol bei der Beobachtung der deutschen

Staatsentwickelung seit 1867 dem Einen oder Anderen das Bedenken aufgedrängt haben: hätte nicht doch vielleicht die principielle Grundlage des neuen Gesammtstaates klarer präcisirt werden können, so daß Streitfragen von so fundamentaler Bedeutung, wie die, ob das Reich auf dem Gesetz seiner Verfassung, das es sich selbst gegeben, oder nur auf den Verträgen der Bundesglieder beruhe; oder die andere mit der ersten in innerem Zusammenhang stehende, ob das Reich überhaupt eine Regierung habe, gar nicht aufgeworfen werden könnten?

Es ist mehrfach von competentester Seite erklärt worden: das Maß von Zugeständnissen an die Gesammtheit, welches in unserer geltenden Reichsverfassung niedergelegt sei, sei das Höchste, was zu erreichen war. Und mit lebhaftester Dankbarkeit erkennen wir es an: das Maß dieser Zugeständnisse ist kein geringes; es ist vollkommen ausreichend, um ein kräftiges und gesundes Staatsleben zu ermöglichen. Und wir wollen nicht in den Fehler der alten Publicisten verfallen, über den theoretischen Träumen vom Idealstaat unser vorhandenes Staatswesen gering zu achten.

Aber: Probleme genug und zwar Probleme von tiefster und schwerster Bedeutung liegen in unserer Reichsverfassung. Und die Zeit war nicht günstig, die in die Verfassung gelegten staatsrechtlichen Keime weiter zu entwickeln. Nur in Einem einzigen Punkte, nämlich in Bezug auf die Organisation der obersten Centralstellen des Reiches, ist eine Weiterentwickelung erfolgt; alle übrigen Probleme harren noch der Lösung.

Darin aber liegt doch eine Sorge für die Zukunft, vor der wir uns nicht die Augen verschließen dürfen. Denn die Geschichte beweist, daß gerade die verfassungsrechtlichen Fragen am leichtesten zu großen Krisen im Staatsleben führen, speciell in Bundesverhältnissen. Der tiefste Grund des furchtbaren Krieges, welcher in den 60 er Jahren die nordamerikanische Union verwüstet hat, war doch nicht die Sklavenfrage, sondern die Frage: hat die Union eine Regierung? Und der

Erfolg des Krieges war die bejahende Antwort auf diese Frage. Die Zukunft auch unserer politischen Entwickelung wird unzweifelhaft viel und stark von diesen verfassungsrechtlichen Fragen bewegt sein. Und gerade deshalb ist es eine Beobachtung von tiefschmerzlicher Bedeutung, daß das ideale Moment der Volksbegeisterung als des stärksten Trägers deutscher Einheit sich mehr und schneller verflüchtigt hat, als fremde Nationen das verstehen können und daß die Erinnerung der heilig großen Zeiten, da das Blut aller deutschen Stämme auf Frankreichs Schlachtfeldern floß, nicht in dem Maße der beherrschende Factor unseres öffentlichen Lebens geblieben ist, wie dies die Pflicht der Dankbarkeit geböte. Die Autorität der welthistorischen Träger unserer Größe auf dem Trone wie im Rat der Krone war oft nur mit Mühe im Stande, das deutsche Staatsschiff durch die sturmdurchrauschten Fluten politischer Leidenschaften zu steuern.

Da mag wol manchmal bange Sorge um die Zukunft des Reiches gerade die Besten der Nation beschleichen.

Dennoch vertrauen wir mit fester Zuversicht auf die Dauer unseres neuen Reiches und wir schöpfen diese Zuversicht aus einer Vergleichung des alten und des neuen Reiches.

Die Formen des alten Reiches waren fester als die des neuen Reiches; insbesondere war das alte Kaisertum als solches ganz rein nach monarchischen Principien construirt, was unser heutiges Kaisertum nicht ist. Niemals hat im alten Reiche ein Gesetz den Umfang der kaiserlichen Rechte begrenzt. Kaisertum und Reich waren nach dem Wort des Sachsenspiegels von Niemand denn von Gott. Die Rechte der Fürsten dagegen beruhten juristisch auf der Uebertragung Seitens des Reiches. Das Reich war nicht nur eine wahre Monarchie, sondern die Sacra Caesarea Majestas war ursprünglich die einzige, später jedenfalls die höchste Majestät der Welt. So blieb es äußerlich trotz allen Wandels der Zeiten bis ans Ende.

Aber die Geschichte des alten Reiches hat auch zur Evidenz den

Beweis erbracht: daß auch feste Formen erstarren und kraftlos werden, wenn das innere Leben mangelt.

Bis z. J. 1806 bewahrte das alte Reich seine festen äußeren Formen und dennoch war es ein innerlich erstorbenes Staatswesen, so daß 1640 schon der berühmte Hippolithus a Lapide das Reich für eine Aristokratie und Republik und wenig später Samuel von Pufendorf, vielleicht der schärfste juristische Denker, den Deutschland je hervorgebracht hat, für ein juristisch unfaßbares Monstrum erklären konnte.

Das mag uns trösten über die unentwickelten äußeren Formen unseres neuen Reiches, über unser, formal juristisch betrachtet, so mangelhaft fundirtes Kaisertum, über die schwierigen und ungelösten Probleme von Bundesrat, Reichsregierung, Volksvertretung. Aber nur dann ist dieser Trost und die Hoffnung auf künftige siegreiche Ueberwindung der ungelösten verfassungsrechtlichen Probleme berechtigt, wenn es gelingt, dem neuen Staatswesen ein reiches und dauerndes inneres Leben einzuflößen. Es ist auch hier im Leben der Nationen wie im Leben der Individuen: ein reiches inneres Leben verleiht die Kraft, Schwierigkeiten und Conflicte des äußeren Lebens sieghaft zu überwinden.

Hat aber unser Reich in den kaum zwei Jahrzehnten seines Bestehens ein inneres Leben entfaltet, das uns zu jenem Trost und jener Hoffnung berechtigte?

Wir dürfen diese Frage freudig und stolz bejahen.

Das alte Reich ist untergegangen an seiner wirtschaftlichen und militärischen Schwäche. Mit eminentem staatsmännischen Scharfblicke haben darum Preußens Staatsmänner gerade diese beiden Punkte stets in den Mittelpunkt ihres deutschen Reformprogrammes gestellt von der berühmten 1848 er Märzproklamation Friedrich Wilhelms IV. an bis zur Erfüllung des Programmes in der Reichsverfassung. Die Fragen der äußeren Organisation treten dagegen sehr in den Hintergrund. — —

Drei Völker sind es, welche in der Geschichte des Abendlandes den höchsten staatenbildenden Geist entfaltet haben: drei harte Völker von eiserner Kraft: die Römer, die Franken und die Preußen.

Als das römische Weltreich in den Stürmen der sogenannten Völkerwanderung untergegangen war, traten an seine Stelle für das Abendland die germanischen Franken. Die gewaltigen Frankenkönige des Merovinger- und Karolingerhauses haben die gesammte germanische Volkskraft des Abendlandes zu Einem gewaltigen Staatswesen concentrirt. Dieser fränkische Staatsbau war der historische Vorläufer des alten Reiches: geschaffen durch die Merovinger; gerettet vor maurischer Vernichtung durch Karl Martell; von den Karolingern zur Herrschaft übernommen wider das formelle Recht, aber unter Sanction der Kirche durch Pippin den Kleinen; zur höchsten Entfaltung gebracht durch Karl den Großen. Nach Karls Tode aber ging dies größte Reich germanischer Kraft in Trümmer: mit d. J. 843 trat durch den Teilungsvertrag von Verdun die definitive Trennung ein und seitdem besteht das alte Deutsche Reich.

Es ist nicht meine Aufgabe, die Geschichte des alten Reiches zu schildern. Nur seine charakteristischen Institutionen sollen staatsrechtlich gekennzeichnet werden. Bis zu seinem Untergange trug bekanntlich das alte Reich den officiellen Titel: „heiliges römisches Reich deutscher Nation" und sein Kaiser hieß der römische Kaiser. Bis auf Karl den Großen war auch für das Abendland noch die Fiction des römisch-byzantinischen Kaisertumes festgehalten worden: indem Karl von seinem Freunde Leo III. sich zum Kaiser krönen ließ, trat an die Stelle des Scheines des römisch-byzantinischen die gewaltige Wahrheit des römisch-germanischen Kaisertumes. Karl betrachtete sich und sein Reich als die Fortsetzung des römischen Weltreiches und seines Imperiums. —

Zugleich aber war das Reich durch die Kaiserkrönung Karls noch römisch in einem anderen Sinne geworden. Schon durch Karl Martell und mehr noch durch Pippin war das Frankenreich in innige

Verbindung mit dem römischen Papste getreten. In der Anknüpfung dieser Verbindung liegt die weltgeschichtliche Bedeutung von Bonifacius. Dieselbe gewann eine feierliche feste Form durch den Act der Kaiserkrönung. Karl hat diesen Act niemals dahin aufgefaßt, als liege in der Krönung die juristische Verleihung der Krone, die juristische Uebertragung des Kaisertums von Byzanz auf die Karolinger. Mit starkem Arm und starkem Willen wahrte vielmehr Karl der Gr. seine oberste Gewalt auch über Rom und den Papst.

Die Weltgeschichte aber schlug bald nach Karls Tode entgegengesetzte Bahnen ein. Die Päpste wurden zu Herren über die Königreiche der Welt. Die große Mehrzal der abendländischen Staaten trat in ein formelles Lehensverhältniß zum römischen Papste als dem König des Erdkreises, ein formell juristisches Moment, das in seiner universalhistorischen Bedeutung viel zu wenig gewürdigt zu werden pflegt.

Nur zwei Staaten haben niemals sich diesem Anspruch der Päpste unterworfen: Frankreich und Castilien. Von deutschen Kaisern hat formell nur einer, am Ausgang des Mittelalters, Albrecht I, die Oberlehnsherrlichkeit des Papstes anerkannt und auch dieser Schwächling nur, um alsbald von den deutschen Kurfürsten zu Rense eines Besseren belehrt zu werden.

Das ganze deutsche Mittelalter aber ist erfüllt von Kämpfen zwischen Kaiser- und Papsttum und Nichts hat das alte Reich so gelähmt und geschwächt, als die Verbindung mit dem römischen Stuhle, die doch Nichts Anderes war als ein fortgesetzter Kampf. Dabei aber war der Standpunkt der späteren Kaiser gegenüber dem Papsttum längst nicht mehr derjenige Karls des Großen. Keiner der späteren Kaiser hat mehr die Oberherrschaft über den Papst beansprucht; nur das Verhältnis der Unterordnung wurde abgewiesen; gleichberechtigt sollten Kaiser und Papst an der Spitze des Erdkreises stehen, zu beschirmen die Christenheit, der Kaiser mit dem weltlichen, der Papst mit dem geistlichen Schwerte, beide verliehen von Gott. —

Die innere Unhaltbarkeit dieses Standpunktes der geteilten Souveränität ist Jahrhunderte lang auf der kaiserlichen Seite nicht erkannt worden und selbst das machtvolle Eingreifen der sächsischen Ottonen und des dritten Heinrich in die Dinge des römischen Stuhles und Staates trug nicht den Character einer principiellen Reaction des Staatsgedankens gegen die Absorption aller Staatsgewalt durch die hierokratischen Tendenzen des Papsttums.

Nur Ein einziger deutscher Kaiser vor der Reformation darf das Verdienst beanspruchen, den Punkt, in welchem die Hauptschwäche des mittelalterlichen Kaisertums lag, erkannt und um denselben mit dem Papsttum einen principiellen Kampf geführt zu haben: Ludwig der Bayer. Die Gründe, in Folge deren dieser König doch nur einen geringen Erfolg erzielte, können hier nicht eingehend erörtert werden: teils sind es Gründe äußerer Natur, insbesondre der Mangel einer concentrirten starken Staatsgewalt, wie solche damals bereits längst in Frankreich und England gewonnen war; teils sind es Gründe innerer Natur, insbesondre die schwankende Persönlichkeit Ludwigs und die Vermischung religiöser und staatsrechtlicher Momente, wozu Ludwig durch die ebenso geistvollen als fanatischen Franciskaner, die ihn umgaben, verführt worden war.

Jedenfalls aber ist Ludwig der Bayer eine der interessantesten Erscheinungen in unserer mittelalterlichen Kaisergeschichte, der erste Träger des modernen Staatsgedankens in Deutschland. Die definitive Entscheidung aber des alten Kampfes zwischen Kaisertum und Papsttum hat für Deutschland erst die Reformation gebracht: aufgegeben zwar hat das Papsttum auch heute noch seine Superioritätsansprüche nicht, aber die Weltgeschichte war seit dem Auftreten Luthers darüber hinweggeschritten; der feierliche Protest Clemens' XI. gegen die Annahme der Königswürde durch den brandenburgischen Markgrafen verhallte, ohne daß ein Fürst der Aufforderung des Papstes Folge geleistet hätte, dem Ketzer lieber die alten Würden zu entreißen als die Annahme von neuen zu gestatten. Und unser neues Reich ist kein römisches Reich.

In den Wirren des alten Reiches waren, wenn ich recht sehe, drei Momente — abgesehen von dem lähmenden Einflusse des Papsttumes — hervorgetreten, welche eine starke innere Entwickelung, die Concentration zu wahrer staatlicher Einheit, verschlossen.

Das Reich Karls des Großen war eine Erbmonarchie gewesen. Nach dem Aussterben der Karolinger wurde das Reich durch die Eifersucht der Stämme in eine Wahlmonarchie verwandelt. Die Wahlmonarchie war Ursache und Folge zugleich einer Erstarkung der Fürstengewalt, welche die Ausbildung eines einheitlichen Staatsgedankens in Deutschland verhindert hat. Wir haben heute ja nur Ursache, dies Walten der Vorsehung dankbar zu rühmen: denn auf jenem negativen Momente in der Entwickelung des alten Reiches beruht die positive Entwickelung Preußens. Aber für das alte Reich war die Wahlmonarchie einer der obersten Gründe erst der Erstarrung und dann des Unterganges. Als die Krone wieder tatsächlich im Hause der Habsburger erblich geworden war, waren die Zeiten längst vorüber, wo das Reich durch Beschränkung der centrifugalen Stammestendenzen zu einem wirklichen deutschen Staate hätte werden können.

Es ist überflüssig, die einzelnen Gründe gegen das Princip der Wahlmonarchie aufzuzälen: aber es gibt schwerlich einen machtvolleren Factor im Leben und Streben der Menschen, als den Gedanken, daß die Frucht der eigenen Arbeit den eigenen Nachkommen verbleibe. Vielleicht liegt darin das Geheimnis der höchsten menschlichen Kraftentfaltung.

Kein grelleres Licht konnte auf die innere Schwäche des alten Reiches fallen, als die Felonie Heinrich des Löwen gegen den großen Hohenstaufenkaiser Barbarossa. Die daran sich schließende Zertrümmerung der alten Stammesherzogtümer aber führte nicht zu einer nationalen Einheit im Kaisertume, sondern vielmehr nur zu einer anderen und noch viel weiter reichenden Zersplitterung unseres staatlichen Lebens: nicht das Kaisertum vermochte das Erbe der Herzogtümer anzutreten, sondern dies Erbe fiel an das unterhalb der Herzogtümer ausgebildete Kleinfürstentum weltlicher und geistlicher Herren.

Und wie widerlich ist endlich die Eifersucht und das Intriguenspiel der deutschen Fürsten bei vielen Kaiserwahlen, die zu fördern und sich zu nutze zum Schaden des Reiches zu machen die auswärtigen Mächte natürlich nie versäumten. —

Der zweite Punkt der Schwäche war der Mangel eigener Finanzquellen im alten Reiche. Das Kaisertum des alten Reiches beruhte seit dem Zerfall des alten Reichsgutes politisch wie financiell auf der Hausmacht. Hatte der Kaiser als Landesfürst financielle Mittel, dann hatte er überhaupt solche, andernfalls nicht. Ein eigenes Finanzsystem fehlte dem Reiche; in der Form einzelstaatlicher Beiträge mußten die financiellen Bedürfnisse aufgebracht werden und man weiß, mit welchen Schwierigkeiten die Römermonate und Kammerzieler entrichtet wurden. Von einem i. J. 1731 ausgeschriebenen Römermonate waren nach 34 Jahren erst von 2 Ständen die Beträge eingezalt!

Bis zu einem gewissen Grade freilich war die Mangelhaftigkeit der financiellen Grundlage des Reiches in den Zeiten und Verhältnissen begründet: immerhin aber war doch schon im Mittelalter das Steuer- und Finanzsystem einzelner Staaten so entwickelt, daß ein richtiges Reichsfinanzsystem herzustellen nicht zu den Unmöglichkeiten hätte gezält werden dürfen. Und in der That hat es auch an Versuchen zur Herstellung eines solchen, zumal eines einheitlichen Zollsystemes, nicht gefehlt. Aber diese Versuche blieben resultatlos und bis ans Ende war das Reich in financieller Beziehung angewiesen auf Matricularbeiträge, das ist: den guten Willen seiner Glieder. Das System der Matricularbeiträge aber ist unter allen Verhältnissen unsicher und bedenklich; in Zeiten politischer Schwierigkeiten schließt es die schwersten Gefahren ein; mit dem Begriff des

Staates — und ein solcher war doch das alte Reich im formal juristischen Sinne — ist es überdies principiell unvereinbar.

Auch der Grundgedanke des weltberühmten Investiturstreites war ein financieller. Nach den verschiedensten Richtungen hin wichen seit der zweiten Hälfte des 11. Jahrhunderts die deutschen Kaiser der Consequenz des kirchlichen Principes, so insbesondere auch in der Frage der Besetzung der Kirchenämter, der niederen sowol wie der Bischofsstühle. Indem aber die Kaiser die Besetzung der Bischofssitze an kirchliche Factoren cedirten, wehrten sie sich doch aufs äußerste gegen den ihnen zugemuteten Verzicht auf die Belehnung der Bischöfe mit den Temporalien. Das hatte in erster Linie einen financiellen Grund. Die materielle Dotation der Bischöfe war Reichsgut. Während der Sedisvacanzen flossen demgemäß die Einkünfte in die kaiserliche Kasse; ferner: den Bezug von Einkünften aus Reichsgut zu sperren hatte der Kaiser jederzeit die juristische Möglichkeit; weiter: auf dem Reichsgut, das die bischöfliche Dotation bildete, ruhten eine Reihe dauernder Lasten für das Reich — fast die einzige wirkliche und einigermaßen reichliche Einnahmequelle des Reiches —; und endlich: bei der Investitur mit den Temporalien leisteten die Bischöfe dem König den Treueeid. All das mußte dahinfallen, also insbesondre jene financiellen Momente, sobald die Kaiser wie die Besetzung so auch die Dotation des bischöflichen Amtes den päpstlichen Forderungen gemäß an die Kirche abtraten. Und um diesen Punkt drehten sich die schweren Kämpfe der beiden fränkischen Heinriche, des vierten und des fünften, mit dem Papsttum; bezüglich dieses Punktes erklärte Heinrich V.: unsere Vorfahren haben so viel an die Kirche geschenkt, daß wir dadurch völlig verarmt sind. Die Reichsmaschine hätte schon damals geradezu stille stehen müssen, falls den Forderungen der Kirche nachgegeben worden wäre (Maaßen). Darum ließen sich die Kaiser den Verzicht auf diese einzige Einnahmequelle des Reiches nicht abtrotzen. — Aber ein wirkliches und zureichendes eigenes Finanzsystem des Reiches lag doch hierin nicht. — —

Der dritte Punkt der Schwäche des alten Reiches war der Mangel einer festen Heeresverfassung. Die Heerverfassung des alten Reiches beruhte ursprünglich auf den lehenrechtlichen Grundlagen. Die Fürsten waren verpflichtet, dem Kaiser als ihrem Lehensherrn Heeresfolge zu leisten. In welcher Weise der Vassall seine Mannen aufbrachte, blieb ihm überlassen. Jedenfalls war der Kaiser wie in financieller so auch in militärischer Beziehung von dem guten Willen der Landesfürsten abhängig. Hatte er als Landesherr militärische Macht, dann hatte er solche, andernfalls fehlte sie ihm. Zahlreiche kritische Momente der deutschen Geschichte liefern hierfür den Beweis und welche Schwierigkeiten es allezeit den Kaisern bereitete, für ihre Kriegs- und Römerzüge die nötigen Truppen zusammenzubringen, ist bekannt genug. Nach Ausbildung der stehenden Heere trat dieser Mangel in der Reichsorganisation noch deutlicher zu Tage: eine einheitliche Reichsarmee fehlte und welche Art von Armee die Contingente der kleinen und kleinsten deutschen Fürsten geistlichen und weltlichen Standes zu bieten vermochten, wissen wir zur Genüge aus dem beißenden Spott der Soldaten Friedrichs des Großen. Der Kaiser hatte im Frieden keinerlei Militärgewalt und der Krieg konnte nur vom Reichstag beschlossen werden. Der Versuch einer wirklichen militärischen Organisation des Reiches wurde nur einmal im Zusammenhang mit der Einführung der Kreisordnung gemacht; doch wurde dieser Versuch, der schon an sich ganz unzulänglich war, auch zu einer Zeit unternommen, wo keinerlei Möglichkeit mehr vorhanden war, eine militärische Reichseinheit herzustellen: im Norden und Nordosten Deutschlands hat die Kreisordnung niemals praktische Durchführung gefunden. —

So bietet uns das alte Reich und zwar in der Hauptsache schon seit dem Untergang der Hohenstaufen das Bild eines erstarrten und rettungslos verfallenden Staatswesens. Im Kaiser concentrirte sich zwar die denkbar höchste monarchische Vorstellung: aber diese Monarchie war ein leerer Schein ohne jede Realität. Das Interregnum in der zweiten Hälfte des 13. Jahrhunderts ist bereits der völlige Bankerott des alten Reiches und seines kümmerlichen Rechtes. Noch werden in den folgenden Jahrhunderten Versuche der Kräftigung und Concentration der Reichsgewalt unternommen, aber ohne jedes bedeutendere Resultat und die Regierung der „Kaiser aus verschiedenen Häusern" ist mehr als je zuvor das armselige Spiel kleinlicher Intriguen zum Schaden des Gesammtorganismus.

Auf dieser verfallenden Ruine des ehrwürdigen alten Reiches erhebt sich sodann der Bau der Territorialgewalten.

Indeß in England durch die Kraft der Könige von Wessex eine machtvolle Staatseinheit begründet wurde und in Frankreich schon frühe der gleiche Proceß sich siegreich vollzog, zersplittert sich das deutsche Reich immer mehr und zerfällt in seine Atome. Das Gesammtvaterland verflüchtigt sich nach Treitschkes treffendem Wort dem Deutschen zur dunklen Sage. War vor der Reformation doch immerhin noch ein Schein von Hoffnung vorhanden, die Tendenzen des centrifugalen Territorialismus möchten überwunden werden können, so hat die Reformation auch diesen letzten Schein von Hoffnung vernichtet. Der Beschluß des Reichstags von 1526, jeder Reichsstand möge es mit Durchführung des Achtedictes gegen Luther und seine Anhänger halten, wie er es gegen Gott und kaiserliche Majestät verantworten könne, hat eine weit über seinen concreten, wenn auch noch so bedeutsamen Inhalt hinausreichende Wichtigkeit: er ist die Abdication der Reichsgewalt zu Gunsten der Einzelstaaten. Und die definitive Anerkennung fand dieses System dann im Westfälischen Frieden.

Man wird sich bei der Betrachtung dieses principiellen Ganges der Dinge, in Folge dessen die Einzelstaaten den ganzen materiellen Inhalt der Souveränität empfingen, eines tragischen Empfindens schwer erwehren können. Aber auf dieser Wendung beruhte die Möglichkeit unserer heutigen Entwickelung. Die bedeutendste der Territorialgewalten der Reformationszeit, Kursachsen, verlor bald ihr Übergewicht; erst trat ein Stillstand, dann seit der Verbindung sächsischer und polnischer Dinge ein rapider Rückgang ein. Das staatliche Leben in der großen Mehrzal der übrigen mehreren hunderte von Einzelstaaten, den geistlichen und weltlichen Fürstentümern, Reichsstädten und Reichsdörfern, bewegte sich in den engsten Grenzen und speciell der Süden und Westen Deutschlands boten ein Bild der armseligsten Kleinstaaterei.

Aber aus diesem Chaos kleiner und kleinster Staatsverhältnisse war inzwischen der preußische Staat emporgewachsen. Ich gedenke nicht, die Entwickelung dieses Staates zu schildern. Aber es ist gewiß richtig: mit dem Großen Kurfürsten beginnt eine neue deutsche Geschichte. Zwei Jahrhunderte des mühevollsten Kämpfens und Schaffens, voll von Momenten höchster Kraftentfaltung, aber auch des Stillstandes und unüberwindlich erscheinender Katastrophen: dann erhob sich aus dem Chaos staatlicher Zersplitterung das neue Reich.

„Tantae molis erat, Romanam condere gentem“ — auch von unserem neuen Reiche gilt dies schwere Wort. Und der neue Staatsbau ist noch sehr unfertig und voller Probleme. Aber die Grundfehler der Organisation des alten Reiches sind doch bei Schaffung des neuen vermieden worden: das neue Reich hat seine eigenen Finanzen, sein eigenes Heer und — das Beste und Höchste — sein erbliches Kaisertum. —

Man pflegt auch heute noch die Zeit von 1815—1848 in Deutschland als eine Zeit völliger Erstarrung zu betrachten, in deren ödem Einerlei nur die Carlsbader Beschlüsse und die Demagogenverfolgungen eine traurige Unterbrechung gewähren. Diese ganz allgemein geteilte Anschauung ist in der Hauptsache richtig. Das Bleigewicht der heiligen Allianz lähmte jede Entwickelung, Metternich war die Signatur der Zeit. Auch Preußen vermochte sich nicht von der sklavischen Abhängigkeit gegenüber Metternich zu lösen und vielleicht war die Verfolgung deutsch-nationaler Bestrebungen nirgends so schlimm und bösartig wie in Preußen. Die Wiener Starrsucht beherrschte die Welt und in ihr erstarben alle lebendigen Regungen der Völker (Gervinus).

Dennoch aber bedarf diese historische Gesammtauffassung einer Correctur und diese gegeben zu haben, ist ein hohes Verdienst Treitschkes.

In stiller fast unbemerkter Arbeit schuf Preußen seit d. J. 1818 den deutschen Zollverein. Erst verachtete und verspottete man in Wien diese wirtschaftlichen Reformbestrebungen Preußens; als man dann allmälich erkannte, daß die wirtschaftlichen Fragen das Leben der Völker bilden — da war es zu spät. Mit einer Art fieberhafter Aufregung wurden dann von Wien aus jene offenen und versteckten inner und außerdeutschen Intriguen angezettelt, welche zur Sprengung des Zollvereins oder wenn eine solche durchaus unmöglich, zur Aufnahme des k. k. Mautsystems in denselben und damit zum Übergang der Leitung an Oesterreich führen sollten. Aber alle diese Machinationen scheiterten an der preußischen Festigkeit und insbesondere an der zwingenden Macht der thatsächlichen Verhältnisse, welche die Lösung vom preußisch-deutschen Zollverbande nach kurzer Zeit schon für die in demselben vereinigten Staaten zu einer wirtschaftlichen Existenzfrage gemacht hatten.

Die Gründung des Zollvereins ist die große Meisterarbeit preußischer Staatskunst für die nationale Einheit in der ersten Hälfte des Jahrhunderts, abermals lediglich und ausschließlich ein Werk des preußischen Königs- und Beamtentumes. Daß man dabei bewußte Tendenzen zur politischen Einigung der Nation verfolgt habe, darf gewiß nicht angenommen werden; aber aus der wirtschaftlichen Einigung mußte sich von selbst früher oder später die staatsrechtliche Einigung ergeben.

Das Walten der Vorsehung führte in einer Zeit, wo die nationale Idee als Revolution verfolgt wurde, die preußische Regierung auf eine Bahn, deren Ziel die Erfüllung der nationalen Idee sein mußte. Treitschke hat das meisterhaft geschildert. Und dem Bayernherzen, das gerne des schönen Landes der Geburt gedenkt, mag es verstattet sein, hier dankbar an denjenigen bayerischen Fürsten zu erinnern, der wie kein anderer, das Werk der preußischen Staatskunst verständnisvoll gefördert und durch den Anschluß seines Landes an den preußischen Zollverband die Einigung von Nord und Süd vorbereitet hat, des ersten Ludwig. Seitdem die Zollschranken zwischen Nord- und Süddeutschland am 1. Januar 1834 gefallen waren, war die granitene Basis für den künftigen deutschen Staat geschaffen, wenn man dies auch damals schwerlich auf irgend einer Seite ahnte. Aber die wirtschaftlichen Fragen beherrschen doch in erster Linie die Entwickelung der Völker.

An die preußisch-deutsche Zolleinheit knüpfte sich schon vor dem Jahre 1867 eine gesammtdeutsche Entwickelung nach den verschiedensten Richtungen hin. Für die wichtigsten der sogenannten indirecten Steuern wurden schon vor 1867 gemeinsame Normen aufgestellt; alle wichtigeren Interessen des wirtschaftlichen Lebens wurden erörtert, beraten, zum Teil auch wirklich gemeinsam geregelt, und wo dies nicht möglich war, wurde wenigstens die spätere einheitliche Entwickelung vorbereitet. Der Inhalt der Zollvereinsverträge vor 1867 reicht weit über das bloße Zollwesen hinaus und bezieht sich in der That auf alle wirtschaftlichen Verhältnisse der Nation, bis auf die Chausseegelder herab; insbesondere ist es ein Hauptverdienst des Zollvereins, in das bunte und trostlose Durcheinander von Münzen, Maßen und Gewichten der deutschen Staaten schon lange vor 1867 eine, wenn auch immerhin nur notdürftige Ordnung gebracht zu haben.

Und damit hatte das deutsche Volk schon vor Aufrichtung seines Gesammtstaates eine innere Einheit gewonnen, die sich als unverlierbar und unzerstörbar erwies und alle schweren Katastrophen überdauert hat, eine Einheit des inneren Lebens, wie sie das alte Reich auch nicht annähernd je besessen hat. An dieser Einheit aber hatte Oesterreich keinen Teil.

Als dann der Verwirrung der deutschen Verhältnisse durch das preußische Schwert ein Ende gesetzt war und der neue deutsche Staatsbau aufgerichtet werden konnte, war es ein Moment von unabsehbar großer Bedeutung, daß jenes reich entfaltete wirtschaftliche Leben des Zollvereins sofort als fest bestimmter Inhalt in den neuen Staat übernommen werden konnte; es handelte sich nur um die Umgießung der äußeren Formen des Vereins in diejenigen des Staates, eine Arbeit, die verhältnismäßig leicht zu erledigen war, zumal man so viel als möglich, mit einer fast allzugroßen Pietät, die Einrichtungen des Zollvereines in dem neuen Staatswesen conservirte. Und hier durften auch die süddeutschen Staaten, während sie im übrigen vorerst noch von dem deutschen Gesammtstaat ausgeschlossen blieben, an dem öffentlichen Leben der Nation bereits mit voller Gleichberechtigung im Zoll-Bundesrat und Zollparlament teilnehmen. Wie heiß und heftig schlugen die Flammen unserer süddeutschen Herzen bei jenen Wahlen zum Zollparlament hinüber über die auf Napoleons Befehl errichtete Scheidewand der Mainlinie — für mich und meine süddeutschen Altersgenossen ein Moment unvergänglicher Erinnerung! Nichts prägt sich ja tiefer in die Menschenseele ein als eine heiße heilige Sehnsucht. —

Alle übrigen Abschnitte der Reichsverfassung sind neu und hatten erst die Probe zu bestehen: nur der 6. Abschnitt war bereits wolerprobtes altes Recht, der Inhalt des Zollvereines. Und um diesen 6. Abschnitt hat sich die ganze Reichsverfassung krystallisirt. In der wirtschaftlichen Einheit und dem damit gegebenen eigenen Finanzsystem des Reiches, von welchem jetzt schon das Finanzsystem der Einzelstaaten abhängig ist und immer abhängiger werden wird, liegt nach meiner bescheidenen Meinung die Hauptgarantie für das Bestehen und die Zukunft des Reiches. War schon in den Zeiten des alten Zollvereines, der doch nur auf losen Verträgen ruhte, eine Lösung einzelner Glieder aus dem wirtschaftlichen Verbande der Nation zur tatsächlichen Unmöglichkeit geworden, wie dies besonders die letzte und schwerste Krisis des Zollvereines i. J. 1862 bewies, so ist nunmehr die wirtschaftliche Einheit eine materiell noch unendlich viel reichere und formell festere geworden — darum können wir ruhig der Zukunft entgegensehen trotz aller Schwierigkeiten, Probleme ja Gefahren der deutschen Staatsentwickelung, welche uns unzweifelhaft in der nächsten Zukunft bevorstehen. Und kein parlamentarisches und kein partikularistisches Manöver wird diese wirtschaftliche und finanzielle Einheit der Nation wieder gefährden können. —

Dazu kommt als zweites Hauptmoment die Einheit des deutschen Heeres.

Unsere Armee ist juristisch ein deutsches Reichsheer unter dem Oberbefehl des Kaisers in Krieg und Frieden, kein loses Conglomerat von Contingenten der Einzelstaaten. Das Heer ist als stehendes Reichsheer organisirt, der Kaiser hat den Oberbefehl auch im Frieden, der Kaiser hat unter Zustimmung der Fürsten das Recht des Krieges: lauter Gegensätze zum alten Reichsrecht. Zwei Millionen Soldaten haben dem Kaiser den Eid der Treue geschworen. Nur Bayern hat in dieser Beziehung für Friedenszeiten eine, doch die militärische Einheit der Nation nicht gefährdende Sonderstellung. Zwar hat man auch hier die alten Formen in übergroßer Pietät conservirt. Die Reichsverfassung enthält gewissermaßen ein Idealrecht (Laband), welches durch besondere Vereinbarungen vielfach modificirt ist. Noch haben wir es nicht dazu gebracht, wie dies nach der Reichsverfassung der Fall sein könnte, daß ein ostpreußisches Regiment am Bodensee und ein württembergisches an der

Ostsee garnisonirt: aber auch dahin werden wir kommen und erst dann werden die deutschen Stämme sich ganz kennen, verstehen und lieben lernen. Aber — mögen auch die Landeskinder der größeren und kleinen Einzelstaaten noch an die Pfähle ihrer Landesgrenzen gebunden sein: der Geist der sie alle erfüllt, ist der gleiche von den Alpen bis zur Ostsee — die in Strömen besten deutschen Blutes erkämpfte Einheit, der treue Glaube, die heiße Liebe und die felsenfeste Hoffnung zu Kaiser und Reich.

Die Heeresverfassung des Reiches ist Nichts Anderes als die preußische Heeresverfassung: diese letztere aber ist das eigenste persönliche Werk unseres Kaisers. Das Reich konnte es lediglich als seine Aufgabe betrachten, die in Krieg und Frieden glänzend bewährte preußische Heeresverfassung zu übernehmen. Der XI. Abschnitt unserer Reichsverfassung codificirt im Wesentlichen das in der Conflictszeit erkämpfte Recht. Auch in Beziehung auf die Heeresverfassung sind wir aber durchaus nicht in der Lage, zu behaupten: die Entwickelung sei bereits eine völlig abgeschlossene. Auch hier harren Probleme von größerer und geringerer Bedeutung ihrer endgiltigen Lösung und insbesondre ist es das Problem der definitiven Fixirung der Friedenspräsenzstärke unseres Heeres, welches zur Zeit noch ungelöst ist und in seinem Schooße eine unmittelbare und schwere Gefahr für unser inneres Staatsleben birgt. Jedenfalls aber ist auch im Heerwesen eine Basis von unendlich viel größerer Festigkeit gewonnen, als welche das alte Reich jemals besaß und auch hier sehen wir darum der weiteren Entwickelung getrost entgegen.

Denn auch dieser Rahmen äußerer Formen ist ja bereits mit einem starken Lebensinhalt erfüllt. Der Jahrhunderte alte Sieg- und Ruhmeskranz des preußischen Heeres ist heute der Stolz der gesammten deutschen Armee geworden: nicht Preußen allein waren es, welche unter dem Feldherrnstab des großen Siegesfürsten die erste Militärmacht Europas niederwarfen; auch die anderen deutschen Stämme haben an dieser Kette welthistorischer Schlachten ihr vollgemessenes reiches Teil. Kein Deutscher mag es je vergessen: auch die höchste diplomatische und staatsmännische Kunst wäre vergeblich gewesen, hätte nicht das deutsche Schwert die Bahn zur Aufrichtung des Reiches geebnet. —

Und endlich: Wir haben unser erbliches Kaiserthum. Das Fürstentum des Großen Kurfürsten, das Königthum Friedrich Wilhelms I. und Friedrichs II. ist zum deutschen Erbkaiserthum geworden. Keine Kaiserwahl kann zum Tummelplatz von Ränken und Intriguen des Auslandes mehr werden; keine Eifersucht des einen Stammes und Fürstenhauses auf das andere kann die Kaiserkrone zum Spielball innerer Kämpfe machen. Und mag juristisch dies Kaiserthum in seiner schwachen Construction uns Bedenken bereiten: das Ausland kennt doch derlei juristische Bedenken nicht, sondern weiß nur, daß das Haus der Hohenzollern erblich die deutsche Kaiserkrone trägt. Ist auch juristisch das heutige deutsche Kaiserthum nur ein Complex von Präsidialrechten, seiner inneren Kraft nach ist dies Präsidium ein ganzes und volles Kaiserthum, dem Ausland gegenüber wie im Herzen der Nation.

Unser heutiges deutsches Staatsleben ist das Ergebnis der Geschichte des preußischen Staates: in die brandenburgischen und preußischen Colonisationen der Askanier und des deutschen Ordens haben der Große Kurfürst und Friedrich Wilhelm I. den Staatsgedanken gelegt, Friedrich der Große hat wie man es so oft ausgesprochen dem Geiste der Großmacht auch den Körper der Großmacht gegeben und zugleich — abgesehen von der inneren Verwaltung — den Staatsgedanken seiner Vorfahren im größten Sinne weitergebildet; dann haben preußische Staatskunst und preußische Kriegskunst im 19. Jahrh. das Reich wiederhergestellt. Die Geschichte des Großen Kurfürsten, und der großen Könige des 18. Jahrhunderts ist die Vorgeschichte unserer heutigen Staatsentwickelung, der Geschichte unseres großen Kaisers. Dies dankbar zu betonen dürfen wir Anderen, die wir im Reiche die Vollendung unseres nationalen Sehnens erkennen, niemals vergessen. Aber auch die Preußen dürfen es nicht vergessen: die Geschichte einer Nation ist nicht allein Staats- und Kriegsgeschichte, sondern auch Culturgeschichte. Und die Culturgeschichte des deutschen Volkes ist die edelste und höchste Blüte des Geistes- und Seelenlebens der Menschheit: denn die Seele dieses Volkes tönte jederzeit von jedem Atemzuge der Menschheit. (Treitschke.) Die Culturgeschichte aber des deutschen Volkes ist viel älter als die Zeit des Großen Kurfürsten: die historische Continuität unserer Cultur und Literatur reicht hinauf in die altersgrauen Zeiten, über denen noch das Dunkel der Sage liegt. Die deutsche Cultur hat Zeiten höchster Blüte durchlebt, als es ein Preußen noch nicht gab. Die Walther v. d. Vogelweide und Wolfram v. Eschenbach und Gottfried v. Straßburg sind auch ein Stück edelster deutscher Geschichte, das wir hegen und pflegen müssen als ein Heiligthum der Nation. Es ist eine deutsche Nationalliteratur, welche aus den Werken jener Sänger zu uns spricht, und diese erste klassische Periode unserer Dichtung im 12. und 13. Jahrh. hat sicherlich einer langen Periode deutschnationaler Vorarbeit bedurft, um diese Höhe zu erreichen. Und auch die große Blütezeit unserer Literatur im 18. und 19. Jahrhundert, ihre zweite klassische Periode, hat sich eher im Gegensatze zum preußischen Staat als unter seiner Aegide entfaltet.

Heute aber ist jede trennende Schranke deutschen Lebens gefallen: ein Pulsschlag bewegt das Geistes- und das Staatsleben der Nation. Mit unermüdeter Sorgfalt hat der preußische Staat nach dieser Richtung im 19. Jahrh. Versäumtes nachgeholt und die Gründung der Universität Berlin in den Jahren der tiefsten Erniedrigung des Staates ließ klar erkennen, wie sehr man die Bedeutung geistiger Potenzen für die Gesammtentwickelung der Nation zu würdigen gelernt hatte. —

So ist der große Siegesheld der Nation, den wir heute feiern, auch zu ihrem großen Friedensfürsten geworden, ein Mehrer des Reiches, nicht nur an höchsten Erfolgen auf dem Schlachtfeld, sondern auch wie er es heute vor 15 Jahren in Versailles gelobt hat, an edelsten Gütern des Friedens. Und die Vorsehung hat dies geheiligte Leben auf eine Höhe gelangen lassen, welche auch das Wort des Psalmisten „wenn es hoch kommt“ noch überragt. Und sie schützt uns dies Leben täglich und stündlich aufs Neue. Es wäre nicht der richtige Ausdruck unseres Empfindens, wollten wir in lautem übermüthigen Jubel unsere Freude hinausströmen: die heiligsten Freuden des Menschenlebens treten an uns mit tiefem Ernste heran; je edler eine Natur, desto ernster wird sie gestimmt durch die Empfindung einer großen Freude.

Wir Christen verehren nicht unsere Kaiser als Götter; aber es ist doch kein armseliger Byzantinismus und es ist keine Versündigung an der Gottheit, wenn wir sagen: mit einem Gefühle der Andacht blicken wir empor zu unserem Kaiser, zu diesem Kaiser und jedes Wort, das wir von ihm reden, und jeder Gedanke, mit dem wir seiner gedenken, ist ein Gebet um dies heilige Leben, in welchem und durch welches das tausendjährige Sehnen der Nation zur Wirklichkeit geworden, in welchem und durch welches das Ideal der Nation erfüllt ist.

Gott schütze und segne unsern Kaiser!

FSC
www.fsc.org
MIX
Papier | Fördert gute Waldnutzung
FSC® C083411

Kolibri 360 GmbH
Ferdinand-Jühlke-Straße 7
99095 Erfurt, Deutschland
produktsicherheit@kolibri360.de